JN086506

3つのステップで すぐできる！
草花あそび・ しぜんあそび
1

花やくきで あそぼう

監修●露木和男　写真●キッチンミノル

ポプラ社

はじめに

　60年いじょう前、わたしが みなさんのように 小さかった ころ、虫を とったり、川に 魚を とりに いったり、野山で なかまたちと ぼうけんごっこを したり した ことを よく おぼえて います。

　まわりには、しぜんが たくさん ありました。楽しかったなぁ。

　今、思い出しても なつかしくて しかたが ありません。

　それは、しぜんの 中で、心が いつも ときめいて いたからです。ワクワク して いたからです。ふしぎな せかい、おどろくような せかいに、自分が 入って いくような 気が して いました。

　この 本には、しぜんで あそぶ 楽しい ほうほうを たくさん しょうかいして います。この 本を さんこうに して、じっさいに みなさんも しぜんに ふれあい、しぜんの あそびを する ことが できるのです。

　そう、わたしの 小さい ころのように、みなさんも 楽しい あそびが できるのです。

さがして みる こと、はっけん する こと、よく 見<ruby>る<rt>み</rt></ruby> こと、作<ruby>る<rt>つく</rt></ruby> こと、
ためす こと、そして、あそぶ こと。
　それは、みなさんの 中<ruby>に<rt>なか</rt></ruby> ある 「いのち」 が かがやく ことなのです。
「うれしい じぶん」 に 出会<ruby>う<rt>で あ</rt></ruby> ことなのです。

元早稲田大学教育・総合科学学術院教授　**露木和男**

先生・保護者の方へ

　私は、子どもたちと接するうえで、子どもの感性を守りたい、と切に願っています。

　自然と切り離された子どもは、感性が摩耗していきます。自然が子どもを育てるという考え方は、私たち大人が思っている以上に大きな意味があるのです。

　レイチェル・カーソンの著作としても知られる「センス・オブ・ワンダー」という言葉があります。「神秘さや不思議さに目を見張る感性」というような意味をもつこの言葉は、これからの日本でくらす子どもの教育にとって、極めて重要な意味をもってくるような気がしています。子どもは、細やかな日本の自然のよさに気づくことで、しなやかに成長していきます。

　そうはいっても、身近には限られた自然しかない地域も少なくありません。その中で、子どもと自然をどう触れ合わせるのか、大人の側の悩みもあります。

　このような現状を考え、子どもが進んで自然に親しむ場をつくってみたい、という願いからこのシリーズは生まれました。昔から伝えられた遊びもあります。オリジナルの遊びもたくさんあります。これは面白いと思っていただける遊びをたくさん紹介しています。

　まずは子どもと遊んでみてください。そして、自然の素晴らしさ、ありがたさ、さらには子どもたちにそれを「伝える」ことの喜びを感じていただけたらうれしく思います。

元早稲田大学教育・総合科学学術院教授　**露木和男**

3つのステップですぐできる！
草花あそび・しぜんあそび 1

花やくきで あそぼう

もくじ

草花を さがしに 行こう！

草花は、みぢかな ところに はえて いるよ。
きせつによって いろいろな 草花と 出あえるから、
気を つけて 見て みよう。

公園や グラウンド

公園や 学校などの グラウンドには、いろいろな
草花が はえて いるよ。とくに、すみの ほうに
はえて いる ことが 多いよ。

小さな 花が さいて いる ことも あるので、
よく 見て みよう。
花だんの 草花は、とっては いけないよ。

空き地や 野原

空き地にも 草花が たくさん はえて
いる ことが あるよ。
場所によって、さいて いる 花が
ちがう ことも あるので、
いろいろな 場所を さがして みよう。

じゅんび

うごきやすい ふくそうで 出かけましょう。
とった 草花などを 入れる ふくろを
わすれずに。
出かける ときは、
大人と いっしょに
行くか、家の 人に
言ってから
出かけます。

道ばた

道の わきにも 草花が 見つかる ことが あるよ。
木や うえこみの 下なども よく 見て みよう。

いけがきの 花が、おちて いる
ことも あります。

！気を つけよう

！あぶない 場所には 子どもだけで 行かない
川や 池、高い ところなどは、大人と
いっしょに 行きましょう。

！家の 人に 言って 出かける
だれと、どこに 行くか、何時に 帰るか、
かならず 家の 人に つたえてから 出かけましょう。

！ほかの 家の にわや はたけなどに 入らない
かってに 入って 草花や 実などを
とっては いけません。とって いいか、
その 家の 人に まず 聞いて みましょう。

！きけんな 生きものに ちゅうい しよう
ハチや 毛虫、ヘビなどは、どくを
もつ ものが います。さわったり
近づいたり しては いけません。

！草花を はたけや 田んぼ、にわに すてない
すてた 草花が そこで
そだって しまう ことが あります。
とった 草花は、
ごみとして すてましょう。

花の スノードーム

びんの 中に 花と 水を 入れれば、
まるで スノードームみたいに ユラユラ
ゆれて きれいです。
すきな 花を 入れて 楽しみましょう。

びんを ふると
花が ゆれるね!

1

びん いっぱいに
水を 入れる。

ようい する もの
● すきな 花
● ふたつきの びん
　（できるだけ 丸い もの）
● 水
● はさみ

2

花だけを はさみで 切って、
水の 中に 入れる。
いろいろな 花を 入れて みよう。

3

びんを
回したり
ゆらしたり
してみよう！

びんの ふたを
しめる。
できるだけ 空気を
入れないように しよう。
すきまが あったら、
水を たしても いいね。

9

タンポポの 水花火

タンポポの くきの 中は からっぽで、
たてに さいて 水に つけると クルリと 丸まります。

🚩 春から 夏に おすすめ

ようい するもの

● タンポポ
● 水を 入れる 入れもの
● 水

タンポポ

▶12ページも 見てね

● はえる ところ
　日あたりの よい 空き地や 野原、道ばた
● 花が さく じき　1年中（おもに 3〜5月）

黄色や 白色の 花が さきます。花が さいた
あと、フワフワの わた毛を つけた 実が
風に のって 遠くまで とんで いきます
（4巻 34 ページ）。

1
タンポポの くきの 先を
細く さく。

2
はんたいがわを
切って、
みじかく する。

3
入れものに 入れた
水に つける。

クル クル

クル クル

花火みたいに
ひらいたよ！

丸まった！

10

ドクダミの 風車

ようい するもの
- ドクダミ
- ストロー

日かげに たくさん はえる ドクダミで、風車を 作りましょう。
ドクダミの 花びらに 見える 白い ところは はっぱ（→16ページ）
で、まんなかの 黄色い ところが 花の かたまりです。

🚩 春から 夏に おすすめ

1 ストローを おる。

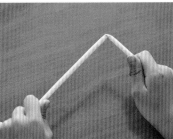

ふ〜

いきを
ふきかけて
回そう！

2

白い はっぱを、
1まいずつ
立てるように ひねる。

どうして 立てるの？
はっぱを 立てると、
風に よく おされて 回り
やすく なるからです。
そのままだと 回りません。

3

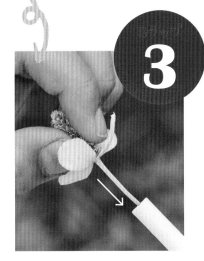

ストローに さす。

ドクダミ

▶14ページも 見てね

- **はえる ところ**
  少し くらい にわの すみ、
  空き地や 野原、道ばた
- **花が さく じき** 5〜8月

はっぱは くすりに つかったり、
お茶に して のんだり します。
どくとくの においを もって
いるのが、とくちょうです。
どくは ありません。

きせつの 野の 花ずかん

みぢかな 野の 花を きせつごとに あつめました。足元や 木に ちゅうもくして、さがして みましょう。

⚙ 花が さく じき 　🔍 こんな ところを さがして みよう

春（はる）

セイヨウタンポポ

オオイヌノフグリ

じめんを はうように のびた くきの 先に、小さな 青い 花を つけます。夕方に なると、花は じめんに おちます。

⚙ 3〜4月
🔍 日あたりの よい 空き地や 野原、道ばた

ハルジオン

白色や ピンク色の 花が さきます。つぼみは 下を むいて つきますが、花が ひらくと 上を むきます。

⚙ 4〜6月
🔍 日あたりの よい 空き地や 野原、道ばた

ヒメオドリコソウ

とても 小さな ピンク色の 花です。赤むらさき色の はっぱの 間から、花が さきます。

⚙ 3〜5月
🔍 空き地や 野原、道ばた

サクラ

日本の 春を だいひょうする 花です。ピンク色や 白色の 花が さきます。

⚙ 3〜5月
🔍 日あたりの よい 道ばた、公園、学校

あそびかたは
8ページ
10ページ

タンポポ

1つの 花に 見えるのは、たくさんの 小さな 黄色い 花の あつまりです。日本で うまれた ニホンタンポポと、外国から やって きた セイヨウタンポポが あります。

⚙ 1年中（おもに 3〜5月）
🔍 日あたりの よい 空き地や 野原、道ばた

ニホンタンポポは 春にだけ さくよ！

あそびかたは
17ページ

カタバミ

小さな 黄色い 花が、朝 ひらき、
夜には とじます。くきは、
じめんを はうように のび、
はっぱは ハート形を
して います。

🌸 5〜7月
🔍 日あたりの よい 空き地や 野原、
　　道ばた

ノアザミ

アザミの なかでも、春から
初夏に さくのは ノアザミです。
はっぱには、とげが あります。

🌸 5〜8月
🔍 日あたりの よい 空き地や 野原、
　　道ばた

ナズナ

まっすぐ のびた くきの 先に、
小さな 白い 花が あつまって
さきます。「ペンペングサ」
とも よばれます。

🌸 2〜6月
🔍 空き地や 野原、道ばた

カラスノエンドウ

はっぱの つけねから
赤むらさき色の 花が さきます。
つるが まわりに からみながら
のびて いきます。

🌸 4〜6月
🔍 日あたりの よい 空き地や 野原、
　　道ばた

ホトケノザ

くきと はっぱの 間に 細長い
ピンク色の 花が さきます。
つぼみを つけた あと、花が
さかずに たねを つける ことも
あります。

🌸 3〜6月
🔍 空き地や 野原、道ばた

レンゲソウ（ゲンゲ）

赤むらさき色の 小さな
花が、くきの 先に
7〜10りん さきます。

🌸 4〜5月
🔍 日あたりの よい 空き地や 野原、
　　はたけ

アブラナ

黄色い 小さな 花が、くきの
先に かたまって さきます。
「ナノハナ」とも よばれます。

🌸 2〜5月
🔍 空き地や 野原、はたけ

あそびかたは
18ページ

シロツメクサ

白色の 小さな 花が、
ボールのように 丸い 形に
あつまって さきます。くきは
じめんを はうように のび、
はっぱは 3まいずつ つきます。

🌸 5〜8月
🔍 日あたりの よい 空き地や 野原、
公園

あそびかたは
24ページ

メヒシバ

小さな 花が あつまって
ほ（→ 23ページ）に なります。
ほは くきの 先で 3〜8本に
分かれて います。

🌸 7〜11月
🔍 空き地や 野原、道ばた

あそびかたは
11ページ

ドクダミ

花びらに 見えるのは 白い
はっぱで、その まんなかに
小さな 黄色い 花が かたまって
さきます。はっぱや くきに
強い においが あります。

🌸 5〜8月
🔍 少し くらい にわの すみ、
空き地や 野原、道ばた

ヒルガオ

朝や 昼の 明るい 時間に 花が
ひらき、その 日の 夜には
とじます。

🌸 6〜8月
🔍 日あたりの よい 道ばた、公園

あそびかたは
28ページ

あそびかたは
26ページ

エノコログサ

くきの 先に、毛の はえた
みどり色の 小さな 花が
たくさん あつまって ほに なります。
「ネコジャラシ」とも よばれます。

🌸 6〜10月
🔍 日あたりの よい 空き地や 野原、道ばた

ツユクサ

青い 花びらを 2まい、白い
花びらを 1まい つけます。
花は、朝 さいて、昼を すぎると
とじます。

🌸 6〜9月
🔍 空き地や 野原、道ばた

秋（あき）

カワラナデシコ

細（ほそ）い くきの 先（さき）に ピンク色（いろ）の 花（はな）を つけます。 花（はな）びらに 細（こま）かい 切（き）れこみが あります。

🌸 7〜10月（がつ）

🔍 日（ひ）あたりの よい 空（あ）き地（ち）や 野原（のはら）、 川原（かわら）

ホトトギス

花（はな）びらに ついた もようが、 鳥（とり）の ホトトギスの むねの もように にて いる ことから この 名前（なまえ）が つきました。 はっぱの つけねから 上（うわ）むきに 花（はな）が さきます。

🌸 9〜10月（がつ）

🔍 空（あ）き地（ち）や 野原（のはら）、 林（はやし）

アキノノゲシ

白色（しろいろ）や うす黄色（きいろ）の 小（ちい）さな 花（はな）が たくさん さきます。 花（はな）の うらがわは うすむらさき色（いろ）の すじが 入（はい）って います。

🌸 9〜11月（がつ）

🔍 日（ひ）あたりの よい 空（あ）き地（ち）や 野原（のはら）、 川原（かわら）

冬（ふゆ）に さく 花（はな）も あるんだね！

あそびかたは 32ページ

あそびかたは 34ページ

冬（ふゆ）

ツワブキ

まっすぐ のびた 太（ふと）い くきの 先（さき）に、 黄色（きいろ）い 花（はな）が たくさん さきます。

🌸 10〜12月（がつ）

🔍 空（あ）き地（ち）や 野原（のはら）、 道（みち）ばた

サザンカ

白色（しろいろ）や ピンク色（いろ）の 花（はな）を つけます。 花（はな）が ちる ときは、 花（はな）びらが 1まいずつ おちて いきます。

🌸 11〜12月（がつ）

🔍 道（みち）ばた、 公園（こうえん）

ツバキ

しゅるいによって、 いろいろな 花（はな）の 形（かたち）が あります。 花（はな）びらは あつみが あります。 ちる ときは、 花（はな）が まるごと ポロッと おちます。

🌸 11〜4月（がつ）

🔍 日（ひ）あたりの よい 道（みち）ばた、 公園（こうえん）

15

花の つくり

花には、いろいろな つくりの ものが あります。
ここでは、きほんてきな
花の しくみを しょうかいします。

花に 近づいて 見て みよう！

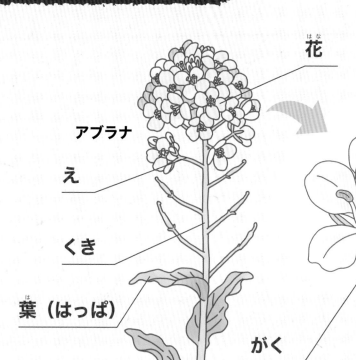

花

アブラナ

え

くき

葉（はっぱ）

花べん（花びら）
中の おしべと めしべを
まもります。

おしべ
花ふんを 作ります。
花ふんは、たねを 作る
ために ひつような
小さな つぶです。

がく
花が つぼみの ときには 花を
つつみこみ、さいた ときには
花を ささえます。

めしべ
花ふんが つくと、
実に なり、そのあと
たねを 作ります。

●花べん（花びら）が ない 花も あるよ

ドクダミや オシロイバナなど、
はっぱや がくなどが 花びらのような
すがたを して いる ものも あります。

ほうよう
花を まもるために、
はっぱが 形を
かえた ものです。

ドクダミ

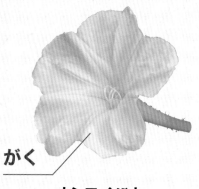

がく

オシロイバナ

ノアザミの びようしつ

かかる時間 10分くらい

よういするもの
- ノアザミ
- きゅうすい スポンジ
- はさみ
- 目玉パーツ
- せっちゃくざい
- あれば ピンセット

赤むらさき色の ノアザミの 花を 見つけたら、びようしさんに なって みましょう。
花を かみの 毛に 見立てて、かっこいい かみがたに して くださいね。

🚩 夏の はじめに おすすめ

1 ノアザミを きゅうすい スポンジに さす。

2 かみの 毛を 切るように 花を じゆうに 切る。

はっぱの とげに 気を つけてね！

3 花の 下に、 目玉パーツを せっちゃくざいで はる。

ノアザミ
▶13ページも 見てね

- **はえる ところ**
  日あたりの よい 空き地や 野原、道ばた
  花が さく じき　5〜8月

アザミには いろいろな しゅるいが あり、なかでも 春から 初夏に さくのが、ノアザミです。
はっぱに とげが あるので、気を つけましょう。

17

シロツメクサの じっけん

シロツメクサは、むかし 外国から ガラスが はこばれて きた ときに、
ガラスが われないように まわりに つめられて いた ことから この 名前が つきました。
では、シロツメクサを まわりに つめれば、水ふうせんを なげおとしても
わらずに すむか、じっけんして みましょう。

夏に おすすめ

じゅんび 水ふうせんに 水を 入れて
口を しばって おく。

1

シロツメクサを
たくさん つめた
入れものに
水ふうせんを 入れて、
ふたを する。

水ふうせんの 上にも、
シロツメクサを
たくさん のせてね。

シロツメクサ

▶14ページも 見てね

● はえる ところ
　日あたりの よい 空き地や 野原、公園
● 花が さく じき　5〜8月

白い 小さな 花が ボールのように 丸い 形に さきます。
はっぱは 3まいずつ つき、「クローバー」とも よばれます。
はっぱが 4まいの ものは「4つばの クローバー」と よばれ、
見つけると よい ことが あると いわれて います。

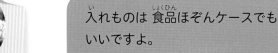

入れものは 食品ほぞんケースでも
いいですよ。

ポーン

上に やさしく なげてね

2 入れものを なげる。

どうなった!?

われてない!!

じっけん せいこう!

3

ふたを あけて みる。
水ふうせんが われて いないか、かくにんしよう。

草花アレンジ

かかる時間 **10分** くらい

花を かざる とき、かびんや スポンジに すてきに
さす ことを、「アレンジ (アレンジメント)」と いいます。
野の 花や 草を あつめて、
アレンジに ちょうせんして みましょう。

すきな 花を
すきなように
さして みてね

できた!

スポンジに 水を ふ
くませると 草花が
長もちします。

20

1 つんで きた 草花を ならべる。

えらびやすいように、
しゅるいごとに 分けて おこう。

ようい する もの
- いろいろな 草花
- きゅうすい スポンジ
- はさみ

2 すきな 草花を
えらぶ。
長い ものは、
はさみで 切る。

3

きゅうすい スポンジに さす。

もっと
楽しく♪

どうぶつの 形に
アレンジして みよう!

草花の くきを
みじかく 切って、
絵を かくように
さします。

クマを
作ったよ!

いろいろな 花の形

花は しゅるいによって 形が ちがいます。
それぞれの とくちょうを 見くらべて みましょう。

花には いろいろな 形が あるんだね！

花びらの つきかた

花びらの つきかたは 花によって さまざまです。
同じ 花でも、いくつもの 花びらの
つきかたを もつ ものも あります。

ひとえざき

花びらが かさなりあわずに つく。

スミレ

サクラ

やえざき

花びらが たくさん かさなりあって つく。
サクラや ツバキは ひとえざきが ふつうですが、
やえざきの しゅるいも あります。

ヤエザクラ

オトメツバキ

花びらの まいすう

花びらの まいすうも さまざまです。
みの まわりの 花を よく 見て
花びらの 数を 数えて みましょう。

1まい

アサガオ

3まい

ツユクサ

4まい

アブラナ

5まい

キイチゴ

6まい

ユリ

小さな 花の あつまりが、1つの 花に 見える もの

くきの 先に 1つの 花が さいて いるように 見えて、
じつは 小さな 花が たくさん あつまって できて いる
ものも あります。タンポポや ノアザミなどです。

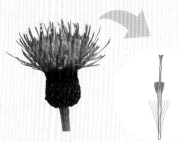

ノアザミ

1つ1つの 花は……

タンポポ

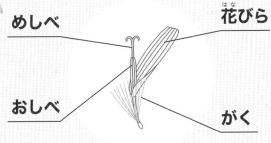

めしべ

おしべ

花びら

がく

シロツメクサ

小さな 花が あつまって「ほ」に なって いる もの

「ほ」とは、くきの 先に 小さな 花が あつまって
ついた もの。エノコログサや オオバコのように、
くきの 先に、毛が ついた たくさんの 花が
あつまって、ほの 形を 作る ものも あります。

オオバコ

1つ1つの 花は……

エノコログサ

おしべ

めしべ

毛
虫などから、
花を
まもります。

ススキ

メヒシバの かさ

かかる時間 **5**分 くらい

メヒシバは、夏から 秋に かけて、道ばたや 空き地などに たくさん
はえて います。ほうきのような メヒシバを つかった
むかしながらの あそびです。むすび目を 上下に うごかすと、
まるで かさを ひらいたり とじたり して いる みたいですね。

▶ 夏から 秋に おすすめ

ひらいた！

ひらいた ところ　　とじた ところ

むすび目を
上下に
うごかすよ！

24

1 ほ（→ 23 ページ）を 1 本 とる。
あとで つかうから とって おいてね。

2 のこりの ほを 1 本ずつ わっかに する。
下で まとめて もって おくよ。

3 ①の ほで、②の わっかの ねもとを まとめて むすぶ。

＼ できた！ ／

メヒシバ
▶14ページも 見てね

はえる ところ
空き地や 野原、道ばた
ほが つく じき　7 〜 11月

じょうぶな しょくぶつで、
道ばたなどで よく 見かけます。
細い ほ（→ 23 ページ）が、
3 〜 8本 ひらくように ついて います。

エノコログサの ふきや

かかる時間
5分
くらい

エノコログサの みどり色の フサフサは、
小さな 花が あつまった、ほ（→23ページ）です。
その ほを 矢に 見立てて、とばして あそびましょう。

▶ 夏から 秋に おすすめ

1 紙を 細長く 丸めて、
セロハンテープで とめる。

2 エノコログサの
くきを ちぎる。

7 〜 10 センチ
メートル下を
ちぎるよ。

3

くきから
入れるよ。

❶に エノコログサを 入れて……

26

入れた がわから
ふいて みよう!

思いきり
ふいて みて!
どこまで
とぶかな?

よういするもの
● エノコログサ
● 紙
　（ノートくらいの
　大きさ）
● セロハンテープ

エノコログサ

▶14ページも 見てね

はえる ところ
日あたりの よい 空き地や 野原、道ばた
ほが つく じき　6〜10月

ブラシのような 花の ほは、くきを もって
ひっぱると スルリと ぬけます。それを
ネコに ゆらして 見せると じゃれつくこと
から、「ネコジャラシ」とも いわれます。

27

ツユクサぞめ

ツユクサは 野原に まっ青な 花を さかせます。
花を あつめて 色水を 作って、紙を そめて みましょう。
どんな ふうに そまるでしょうか？

▶️ 夏に おすすめ

こんな もようが
できたよ！

もっと 楽しく♪

コーヒーフィルターを 切ってから そめて みよう！

コーヒーフィルターを おったら、2〜3かしょ 切りおとしてから
ツユクサで そめて みよう。さらに 楽しい 作品に なるよ！

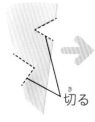

切る

よういするもの
- ツユクサの 花
- 小さな 入れもの
  （ヨーグルトのようきなど）
- ぼう
  （草の くきや わりばしなど）
- コーヒーフィルター
- 水

1

入れものに
ツユクサの
花と 少しの
水を 入れて、
ぼうで よく つぶして 色を 出す。

水は、ツユクサの 花が ひたるくらい 入れよう。

2 コーヒーフィルターを
なんどか おる。

すきなように
おってね

3 おった コーヒーフィルターの
先を 色水に つける。

広げると!?

すきな ところを
そめて みて!

ツユクサ
▶14ページも 見てね

はえる ところ
空き地や 野原、道ばた
花が さくじき　6〜9月

きれいな 青い 花は 朝 さいて、
昼ころには しぼんで しまいます。
花を つむのは、ごぜん中に
しましょう。花で 作った 色水は、
手や ふくなどに ついても
あらえば おちます。

やってみよう！

ハンカチの 花ぞめ

色の きれいな 花で、色水を 作って ハンカチを そめて みよう。
どんな 色に そまるかな？

こんな 花で やって みよう

ツツジ

ツユクサ

アサガオ

マリーゴールド

サザンカ

ツバキ

ハンカチの ツバキぞめ

ここでは ツバキの 花で やって みるよ。

1 花びらを 水切りぶくろに 入れて 水で あらう。
水切りぶくろごと 大きな 入れものに 入れて、
すと 水を かける。

よういするもの

● ツバキの 花びら 300 ～ 400まいくらい
（上の しゃしんの ような やえざきの ツバキの
花なら 3～5こ分）
● 水切りぶくろ
● 大きな 入れもの（せんめんきなど）
● 紙ざらや 紙コップなど
● す 小さなスプーン 2はい分くらい
● 水 大きなスプーン 2はい分くらい
● 白い ハンカチ
● わゴム

2 入れものの 上で
花びらを つぶす
ように よく もんで、
色水を 作る。

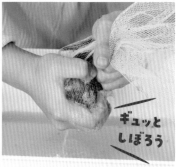
ギュッと
しぼろう

30

3 ハンカチを 何かしょか つまんで、わゴムで ギュッと しばる。

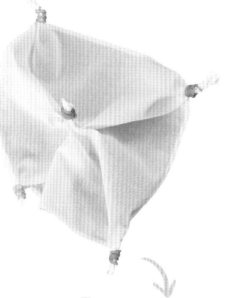

何かしょか、
すきな ところを
しばってね

4 2の 色水と 3の ハンカチを 紙ざらや 紙コップに 入れて、10分いじょう おく。

しっかり
ひたすよ

5 かるく しぼって、 わゴムを はずす。

オレンジ色に
そまったよ!

そめた ハンカチの 色どめ

花の 色水で そめた ハンカチは、あらうと 色が おちて しまいます。

そめた あとに、ミョウバンを とかした ぬるまゆに 3〜5分くらい つけると、色が おちなく なります。ミョウバンは、なすの つけものなどの 色どめとして つかわれる もので、スーパーマーケットなどで 買えます。

サザンカの シェイク

サザンカの 花びらに 水と すを つけて もむと、
ピンク色の あわが たちます。入れものに うつせば、
まるで シェイクのようです。

▶ 冬に おすすめ

おいしそう
だけど
のんでは
いけないよ！

\ きれいな 色！ /

フワフワ

サザンカ
▶ 15ページも 見てね

● うえられて いる ところ
　道ばた、公園
● 花が さく じき　11〜12月

冬の はじめに たくさんの 花を
さかせます。ツバキに にて いますが、
花が まとまって いちどに おちる
ツバキと ちがい、サザンカは 花びらが
1まいずつ おちます。

じゅんび 紙コップを はさみで 切って、入れものを 作っておく。

2.5 センチメートル
くらい

よういするもの

- サザンカの 花びら
  150〜200 まいくらい
- 紙コップ
- はさみ
- 大きな 入れもの
  (せんめんきなど)
- 水
- ジッパーつきの
  ふくろ
- す 小さなスプーン
  1 〜 2 はい分くらい
- スプーン

1

花びらを 水で あらう。
入れものに 花びらと 水を 入れて
あらい、水を すてるよ。

2 ジッパーつきの ふくろに
花びらと 少しの 水と すを 入れ、
ジッパーを しめて、よく もむ。

入れる 水は、
スプーン 2 はい
くらいを めやすに
してね。

ゴシゴシ
もむよ！

あわが
たった！

3

あわを
スプーンで
すくって、
紙コップに
入れる。

**もっと
楽しく♪**

サザンカの
花びらや
はっぱで
かざろう！

パフェみたいに
かざって みよう。

33

ツバキの チョウチョウ

冬、やえざき（→22ページ）の ツバキの 花が おちて いるのを
見つけたら、チョウチョウの 形を 作って みましょう。

▶ 冬に おすすめ

ツバキの 花は
おちて いる
ものを
つかってね

1 チョウチョウの 形に
なるように、花びらを とる。

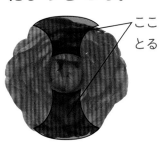

ここを
とる

2 しょっかくに する
マツバ（マツの はっぱ）
を はさみで 切る

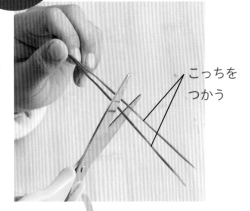

こっちを
つかう

3 マツバの とがって
いる ほうを
花びらの ねもとに
さす。

できた！

遠くまで
とんで いきそう！

▶15ページも 見てね

よういするもの
● ツバキの 花
● マツバ
　（マツの はっぱ）
● はさみ

ツバキ

● うえられて いる ところ
　日あたりの よい 道ばた、公園
　花が さく じき　11 〜 4月

冬に さく 花として しられて います。
ひとえざきや やえざきなど
いろいろな しゅるいが あり、
春に さく ツバキも あります。

おすすめの しぜんあそびを つたえよう

しぜんの ものを つかって、どんな あそびが できましたか？
お気に入りの あそびを、「しぜんあそび おすすめカード」に
まとめて、みんなで 見せあいましょう。

「しぜんあそび おすすめカード」には こんな ことを かこう！

何て いう
あそびなの？

どうして
おすすめ
なの？

きみの おすすめの
あそびを おしえてね！

何を
つかうの？

あそんだ
ところを
見たいなぁ！

どうやって
あそぶの？

カードに
まとめてみよう！

ほかにも こんな ことを おしえて！

● むずかしかった ところ
● じょうずに あそぶ コツ
● さわった かんじや 聞こえる 音など、気づいた こと

「しぜんあそび おすすめカード」の かきかた

「しぜんあそび おすすめカード」と「ひとことカード」は、この 本の さいごに あります。
先生や おうちの 人に コピーして もらって つかいましょう。

みんなに おすすめしたい あそびの
名前を かきましょう。

あそんで いる ようすや、作った おもちゃ
などを 絵に かきましょう。

デジタルカメラや パソコンで とった
しゃしんを つかっても いいですね。

しぜんあそび おすすめカード

7 月 8 日

名前 2 年 1 組 中村 あきと

おすすめの あそびは ツユクサぞめ です

ツユクサから あんなに こい 青色が 作れる
なんて びっくり しました！思って いた
もようとは ちがう もようが 出て くるので、
やってみて ほしいです。

もっと！
ツユクサの 色水を
うすく したり、こく
したり して、ちがう
青色で 作って みたい！

あそびかたや おすすめし
たい ところ、とくに おも
しろい ところ、かんじた
ことなどを かきましょう。

しぜんあそび おすすめカード

12 月 8 日

名前 1 年 3 組 山本 りか

おすすめの あそびは サザンカの シェイク です

サザンカを もみこむのが 楽しいです！

どんどん あわが 出て きて、
コップ いっぱいに ふやしたく
なりました。

いいね！
あわが ピンク色で きれい。
いろいろな カップに
入れて シェイクの お店を
ひらいて ほしいです。
山口 ちひろ

ひとことカード

自分の かいた「しぜんあそび おすすめカード」に つけたしたい
ことを はりつけたり、友だちの「しぜんあそび おすすめカード」を
よんで、つたえたい ことを かいて わたしたり しましょう。
もっと！…もっと 楽しい あそびに するための アイデアや、
　　　　　ふしぎに 思った ことなど。
いいね！…友だちの「しぜんあそび おすすめカード」を よんだ
　　　　　かんそうや、しつもんなど。

そざいと あそびの さくいん

このシリーズで しょうかいした あそびと、それに つかった そざいを、あいうえおじゅんに ならべて います。

●さくいんの つかいかた

行┐　　┌そざいの 名前　　　のって いる 本の 巻数

あ アオキ　　　　　　　　　　　4 16
　　└─アオキの 実とばし　　　　4 32
　　　　　└あそびの 名前　　ページ数┘

38

監修　露木和男（つゆき　かずお）

福岡県生まれ。筑波大学附属小学校教諭を経て、2009〜2020年の11年間、早稲田大学教育・総合科学学術院教授。現在は「早稲田こどもフィールドサイエンス教室」指導統括をしている。主著に『小学校理科 授業の思想―授業者としての生き方を求めて』（不昧堂出版）、『「やさしさ」の教育―センス・オブ・ワンダーを子どもたちに―』（東洋館出版社）などがある。

植物監修	渡辺 均（千葉大学環境健康フィールド科学センター教授）
あそびプラン考案	露木和男

写真	キッチンミノル
モデル	有限会社クレヨン
	（篠原由茉莉、渋谷いる太、鈴木琉生、野島悠生、福田梓央、藤野誠吾、前島花凪、渡辺和歩）

デザイン	鷹觜麻衣子
キャラクターイラスト	ヒダカマコト
イラスト	藤本たみこ
DTP	有限会社ゼスト
校正	夢の本棚社
編集	株式会社スリーシーズン（奈田和子、藤木菜生）

撮影・写真協力	葛飾区観光フィルムコミッション、水元公園、ピクスタ、フォトライブラリー

3つのステップですぐできる！　草花あそび・しぜんあそび 1

花やくきであそぼう

発行	2023年4月　第1刷

監修	露木和男
写真	キッチンミノル
発行者	千葉 均
編集	片岡陽子、湧川依央理
発行所	株式会社ポプラ社
	〒102-8519　東京都千代田区麹町4-2-6
	ホームページ　www.poplar.co.jp（ポプラ社）
	kodomottolab.poplar.co.jp（こどもっとラボ）
印刷・製本	図書印刷株式会社

あそびをもっと、
まなびをもっと。
こどもっとラボ

ISBN 978-4-591-17619-1　N.D.C.786　39p　27cm　　　© POPLAR Publishing Co., Ltd. 2023　Printed in Japan

3つのステップで
すぐできる！

草花あそび・しぜんあそび

全**7**巻

監修●露木和男　写真●キッチンミノル

小学校低〜中学年向き
N.D.C.786　AB判　オールカラー

図書館用特別堅牢製本図書

ポプラ社はチャイルドラインを応援しています

18さいまでの子どもがかけるでんわ

チャイルドライン®

0120-99-7777

毎日午後**4**時〜午後**9**時 ※12/29〜1/3はお休み

電話代はかかりません 携帯（スマホ）OK

18さいまでの子どもがかける子ども専用電話です。
困っているとき、悩んでいるとき、うれしいとき、
なんとなく誰かと話したいとき、かけてみてください。
お説教はしません。ちょっと言いにくいことでも
名前は言わなくてもいいので、安心して話してください。
あなたの気持ちを大切に、どんなことでもいっしょに考えます。

チャット相談は
こちらから

しぜんあそび おすすめカードと ひとことカード

右の しぜんあそび おすすめカードと 下の ひとことカードは、コピーして つかいます。

A4 サイズの紙に原寸でコピーしてください。モノクロでもコピーできます。

つかいかたは 36〜37ページを 見てね

ひとことカード

太い 線で 切りとって つかいましょう。

いいね！

もっと！

じゆうに つかってね